DU

CRÉDIT FONCIER

EN FRANCE,

PAR E. DUBOIS,

Ancien député de la Seine-Inférieure.

PARIS,

IMPRIMERIE DE A. LACOUR,

Rue St.-Hyacinthe-St-Michel, 33.

—

1848

CRÉDIT FONCIER EN FRANCE.

OBSERVATIONS PRELIMINAIRES.

Les inconvénients que présente la législation qui régit
en France les prêts hypothécaires avaient depuis long-
temps frappé tous les esprits, mais la crise financière
qui paralyse aujourd'hui la valeur du sol entre les mains
de ceux qui le possèdent, a surtout fait sentir la nécessité d'une réforme de notre système de crédit foncier.

La mobilisation des immeubles et la création du pa-
pier-monnaie ont été simultanément proposées, et sous diverses formes, pour remédier à la déplorable situation
dans laquelle se trouve la propriété foncière. Nous pensons qu'il serait dangereux de recourir à de semblables
moyens pour arriver au but que nous devons chercher à
atteindre. Ce n'est pas la nature du contrat hypothécaire,
ce n'est pas la nature de la propriété sur laquelle reposent
les garanties qu'il offre, qui gênent l'action des capitaux,
c'est par la forme seule que le législateur lui a donnée que
ce contrat devient dans quelques circonstances aussi oné-
reux pour le prêteur que pour l'emprunteur. Il y a, selon
nous, peu de changements à opérer dans la législation

pour en populariser l'application ; il ne faut pas détruire pour refaire, il faut modifier, simplifier, pour améliorer. Nous comprenons néanmoins qu'on doit s'attacher à faire concorder les dispositions de la loi nouvelle avec l'esprit de nos institutions politiques, car c'est dans l'harmonie des lois politiques et civiles que le pays trouvera les garanties d'ordre qui assureront sa prospérité.

L'organisation des monarchies pures est incompatible avec celle des monarchies constitutionnelles, et un état républicain ne peut s'asseoir sur les débris de ces gouvernements sans modifier la législation qui en fit la force.

Au premier rang des droits dont l'exercice se lie le plus intimement à la constitution politique d'un état, on doit placer le droit de propriété : c'est la base sur laquelle a reposé l'édifice de la société française depuis la fondation de la monarchie jusqu'à nos jours ; aussi a-t-il subi, selon les temps, des modifications analogues à celles qui sont survenues dans nos institutions politiques. La propriété foncière, féodale d'abord, ou réservée à un petit nombre de privilégiés, au moyen du droit d'aînesse et de l'exclusion des femmes, est devenue depuis 1789 théoriquement accessible pour tous. Mais les entraves, dont à dessein peut-être on a chargé la pratique de cette législation, en ont amoindri les effets : régime dotal, hypothèques de toute nature, frais de mutation, sont autant d'obstacles qui s'opposent à la transmission et à la division du sol, et en rendent souvent la possession plus embarrassante que profitable. Les événements les plus ordinaires deviennent une cause de gêne ou de ruine pour le propriétaire foncier, dès qu'ils le mettent dans la nécessité de mobiliser une partie de ce qu'il possède. Qu'il soit frappé par un revers de fortune, qu'il veuille pourvoir à l'établissement de ses enfants, augmenter même son aisance par un emploi plus fructueux de ses ressources, il lui est, la plupart du temps, impossible de fractionner son capital, d'en détacher la somme qui lui est nécessaire, comme le rentier pourrait le faire ; il faut qu'il dénature sa propriété en l'aliénant, ou qu'il la grève en totalité par un emprunt.

Dans les temps de calme et de prospérité, les aliénations s'opèrent facilement et à de bonnes conditions, il est vrai, mais les frais qu'elles entraînent s'élèvent à plus de 10 pour cent et ne les rendent praticables que pour ceux qui ont besoin d'user de toutes les ressources que le prix qu'elles produisent peut leur offrir ; pour les autres, elles sont trop onéreuses, et c'est presque toujours à l'emprunt hypothécaire qu'ils ont recours.

Quoiqu'au premier abord l'emprunt paraisse préférable à l'aliénation, ses conséquences sont en réalité tout aussi désastreuses. En effet, la propriété territoriale rapporte deux et demi, trois pour cent au plus ; l'intérêt de la dette hypothécaire, tous frais compris, est de 8 pour cent ; il annihile donc entre les mains de l'emprunteur les revenus d'un capital triple de la somme à laquelle s'élève la dette elle-même. C'est ainsi que les créanciers hypothécaires deviennent les véritables propriétaires du sol, et absorbent ses revenus sans participer aux charges qui le grèvent.

Nous n'avons parlé jusqu'à présent que des temps ordinaires. Dans les temps de crise, dans les moments de révolution, il n'y a plus d'emprunts, plus de ventes possibles ; les débiteurs fonciers luttent en vain contre la ruineuse impuissance à laquelle la législation les réduit. Les impôts augmentent, les loyers et les fermages ne sont plus payés ou le sont mal, le créancier exproprie et fait passer à vil prix entre ses mains (car il a rarement prêté au-delà de la moitié de la valeur) l'immeuble dont l'acquisition avait souvent été le prix de toute une vie d'un travail honnête et peu rétribué.

On a reproché à notre code hypothécaire de favoriser le débiteur foncier au détriment de son créancier ; on aurait voulu des exécutions aussi rapides que celles que la législation commerciale autorise ; ce n'est là qu'un côté de la question. Nous sommes loin de nier les vices de notre système hypothécaire ; il y a des réformes à opérer, mais elles doivent, pour être efficaces, embrasser toute la législation qui régit aujourd'hui la propriété. Si les exécutions commerciales sont rapides, c'est que le gage, qui fait la sécurité du créancier, est fugitif ; rien de semblable pour la dette hypothécaire ; le fonds est là, il garantit le capital et les intérêts. Doit-on donc s'étonner des précautions que le législateur a prises ? On a vainement, au surplus, modifié les dispositions de la loi sur l'expropriation forcée ; vainement encore on réformerait notre code hypothécaire ; on pourrait pallier le mal par de nouvelles dispositions, on ne l'extirperait pas. C'est dans l'immobilité de la propriété foncière, dans les frais énormes qu'occasionne sa transmission, c'est dans le taux d'intérêts de la dette hypothécaire et dans les charges qu'elle entraîne, qu'il faut chercher la cause des difficultés qui entravent la marche des opérations immobilières. Pour que la propriété du sol cesse d'être un embarras pour ceux qui la possèdent, ou le privilége des grosses bourses, il faut appeler toutes les classes de la société française à y participer ; il faut en faire pour elles un élément de richesse en l'identifiant à une valeur essentiellement divisible, aliénable sans frais, sans formalités, accessible aux capitaux qui, sortant des caisses d'épargnes ou provenant des bénéfices du petit commerce et de l'agriculture, recherchent moins un fort intérêt qu'un placement qui n'offre pas de chance de dépréciation. Le laboureur a foi dans le sol qu'il cultive, il n'hésitera pas à lui confier ses économies.

La question est étudiée ; des esprits éminents l'ont traitée sous toutes ses faces ; les gouvernants eux-mêmes s'en sont émus ; on a recueilli des documents dans les pays où le crédit foncier est organisé, ces documents ont été publiés : c'est au législateur d'agir.

Il appartient à un gouvernement libre de tous antécédents d'entrer largement dans cette voie, sans se préoccuper des considérations qui ont arrêté ses devanciers.

DU CRÉDIT FONCIER EN ALLEMAGNE.

En Prusse, en Pologne, dans le Wurtemberg, dans le Hanovre, il existe des associations de crédit foncier ; leur origine remonte aux désastres qui suivirent la guerre de sept ans. Un négociant de Berlin, Kaufmann-Büring, fut le premier qui en présenta le plan ; elles ont reçu depuis cette époque diverses modifications, et elles sont si solidement établies déjà depuis longues années, que les guerres de l'empire et la dernière révolution de Pologne n'ont pu les ébranler ; dans aucune de ces circonstances, elles n'ont suspendu ni même retardé leurs paiements.

Leur organisation est simple :

L'association comprend ordinairement toute une province ; elle est volontaire ou forcée et se compose de propriétaires fonciers ; elle est représentée par une agence qui traite directement les affaires en son nom.

Cette agence se compose :

1° D'une direction générale qui embrasse dans ses attributions tout le ressort de l'association ;

2° De directions de district qui n'agissent que sous la surveillance de la direction générale et dont les pouvoirs ne s'étendent pas au-delà de l'arrondissement pour lequel elles sont établies ;

3° D'un comité spécial composé des délégués des districts ; chaque district nomme à cet effet un délégué ;

4° D'une assemblée générale qui se forme par la réunion des membres de la direction générale et de ceux des directions de district.

Le gouvernement fait surveiller les opérations de l'association par un commissaire.

L'association est investie du droit d'émettre des obligations hypothécaires au porteur, dont elle garantit le remboursement intégral en capital et intérêts. Ces obligations se nomment *lettres de gage* et se négocient à la Bourse.

Dans quelques provinces, l'intérêt est de 3 pour cent ; dans d'autres, de 3 1|2 ou de 4 pour cent. Un amortissement est toujours stipulé, il varie de 1|2 à 2 pour cent, et dans aucun cas, l'amortissement combiné avec l'intérêt et les frais n'oblige l'emprunteur à payer plus de 5 pour cent par an. Le remboursement des lettres de gage s'effectue au moyen d'un tirage au sort ; il est toujours fait au pair ; l'association est chargée de l'opérer.

Les lettres de gage sont privilégiées sur toutes les autres hypothèques ; mais, au moment du prêt, l'emprunteur doit prouver que ses propriétés sont libres, ou faire consentir antériorité au profit de l'association par ses créanciers inscrits.

Pour obtenir des lettres de gage, l'emprunteur s'adresse à la direction dans la circonscription de laquelle les biens qu'il veut engager sont situés ; la direction fait procéder à l'estimation des biens et à leur arpentage par deux de ses membres assistés d'un géomètre. Cette opération terminée, les lettres de gage sont délivrées, s'il y a lieu. Les intérêts et l'amortissement sont payables par sémestre. S'il arrive que le débiteur ne se libère pas aux époques indiquées, on exerce contre lui des poursuites mobilières, et dans le cas où il ne se trouve pas libéré par ce moyen, l'expropriation est suivie après un certain délai. Cette expropriation est faite sans frais pour l'association, quelle que soit la position du débiteur.

La direction générale résume dans ses attributions toutes les affaires de l'association.

Les directions de district s'occupent des affaires de leur circonscription ; elles procèdent à l'estimation des immeubles sur lesquels on demande à emprunter; surveillent l'exploitation dans l'intérêt de la sûreté du gage.

Le comité spécial se réunit tous les ans au centre de l'administration ; il surveille la délivrance des lettres de gage ; il contrôle la direction générale et les directions de district; vérifie les comptes et statue sur les questions qui lui sont soumises.

L'assemblée générale ne peut se réunir sans l'autorisation du gouvernement ; elle décide en dernier ressort toutes les questions qui intéressent l'association et arrête les comptes.

En Belgique, la caisse hypothécaire et celle des propriétaires sont fondées sur ces données.

ÉTAT ET SOLUTION DE LA QUESTION EN FRANCE.

En France, plusieurs établissements s'occupent des prêts

hypothécaires ; mais ils n'apportent qu'un faible soulage-
ment au mal que nous avons signalé parce qu'ayant un capital mobilier fourni par des actionnaires pour base, les intérêts de l'emprunt joints à la prime fixée pour en opérer l'a-
mortissement sont hors de proportion avec les produits de
la propriété foncière. Cependant, depuis quelques années, des économistes se sont préoccupés de cette
matière et ont élaboré divers projets qui méritent de
fixer l'attention du législateur ; ils admettent généralement
comme point de départ une réforme radicale de notre système hypothécaire et la suppression de l'intervention de
tous les fonctionnaires qui servent aujourd'hui d'intermédiaires entre l'emprunteur et le prêteur. L'État créerait des
titres fonciers dont l'intérêt serait payable à 4 pour cent par
an, en même temps que l'impôt et suivant le même mode
de perception. 1[2 pour cent par an serait en outre affecté
à l'amortissement de la dette, et libèrerait l'emprunteur au
bout d'un certain nombre d'années. Nous n'entendons pas
nous livrer à l'examen de ces divers systèmes, qui sont presque tous remarquables par la simplicité des rouages qu'ils
substituent au mécanisme de notre législation actuelle ;
mais nous craignons que les conclusions qu'ils embrassent
ne soient trop absolues. On devrait rechercher, selon nous,
s'il n'est pas possible d'arriver au but en introduisant quelques modifications dans la législation, sans en supprimer
tout-à-coup toutes les dispositions. La confiance s'acquiert,
elle ne s'impose pas. En matière de crédit surtout, les
idées enracinées par une longue pratique ne peuvent se
modifier que par des réformes lentes et successives qu'une
nouvelle pratique infiltre peu à peu dans les masses. D'ailleurs, on ne peut pas donner d'effet rétroactif à la loi ; il y
a des droits acquis dont la présence se fera sentir long-

temps encore dans les transactions, et nous sommes porté à penser que le concours des fonctionnaires que la loi actuelle investit du pouvoir de rédiger les conventions et de remplir les formalités en matière hypothécaire, est indispensable, quelle que soit la législation qui intervienne. Les connaissances spéciales qu'ils ont de la matière, l'examen scrupuleux qu'ils font des titres de propriété, donnent au prêteur les garanties morales dont il a besoin pour opérer. L'État lui-même, en supposant l'adoption des projets dont nous venons de parler, ne pourrait pas traiter sans prendre les mêmes précautions.

L'institution du crédit foncier, telle que la supposent les réformateurs, n'aurait aucune action sur les intérêts qui sont en souffrance aujourd'hui, et c'est de ceux-là surtout qu'il faut s'occuper. Le mal est évident, il s'aggrave tous les jours : la dette hypothécaire qui, en 1832, était de 11,248,998,600 francs, s'élève aujourd'hui à plus de 13,000,000,000. Ces chiffres sont concluants; il faut assurer un meilleur avenir au pays et remédier au mal dont tout concourt à signaler l'existence. Le problème à résoudre peut, selon nous, se poser en ces termes :

1° Procurer au propriétaire foncier la jouissance d'un crédit égal à la valeur de la propriété qu'il possède ;

2° Combiner l'opération de manière que le remboursement du capital de la dette et le service des intérêts qu'elle produira soient assurés;

3° Mettre entre les mains du prêteur un titre fractionné de telle sorte que la transmission puisse s'en opérer facilement;

4° Garantir les droits des incapables et tous les droits réels qui grèvent la propriété.

Nous ne nous dissimulons pas qu'en adoptant le système de l'amortissement annuel, on ne pourrait point arriver à ouvrir à l'emprunteur un crédit égal à la valeur de l'immeuble qu'il grèverait, car alors le remboursement du capital prêté, et le service des intérêts qu'il produirait, seraient trop intimement liés à la valeur intrinsèque de la propriété, pour que la sécurité de l'opération ne se trouvât pas compromise par les chances de dépréciation auxquelles la propriété foncière resterait soumise; mais nous pensons qu'il serait possible de remédier à cet inconvénient, en imposant à l'emprunteur l'obligation de verser, au moment de la conclusion du traité, dans les caisses du gouvernement, une somme qui avec l'intérêt composé qu'elle produirait, représenterait, au bout d'un certain nombre d'années, le capital de la dette, ou le montant de l'estimation de l'immeuble grevé, si l'emprunteur s'était trouvé dans la nécessité d'épuiser la totalité de son crédit. L'Etat deviendrait alors seul débiteur du capital emprunté, et la propriété dégrevée de cette charge suffirait nécessairement pour assurer le service exact des intérêts de la dette. Cette combinaison aurait non-seulement l'avantage de procurer immédiatement au trésor public des sommes importantes, d'assurer aux prêteurs le remboursement de leur capital et de ses intérêts, mais encore de mettre l'emprunteur en face d'une position qui n'aurait rien d'hypothétique, et ne lui permettrait pas d'escompter des espérances qui ne se réalisent presque jamais. Il ne serait plus, comme aujourd'hui, sous le coup d'un remboursement à jour fixe, et pourrait choisir pour vendre sa propriété le moment qui lui paraîtrait le plus favorable.

Quant au prêteur, il recevrait de l'Etat un titre d'une valeur représentative égale au capital qu'il aurait prêté, fractionné par coupons de 500 francs, transmissible sans frais, et remboursable dans le délai fixé ainsi que nous l'avons dit ci-dessus.

L'existence occulte ou indéterminée des droits des incapables et le défaut d'inscription de certains droits réels, sont donc les seuls obstacles qui entraveraient la pratique de notre système, mais il suffirait pour faire disparaître ces inconvénients d'imposer par la loi nouvelle l'obligation d'inscrire pour un chiffre déterminé tous les droits réels qui grèveraient la propriété.

Nous avons parlé de mettre à la disposition de l'emprunteur un crédit égal à la valeur de la propriété qu'il engagerait ; nous savons bien que ce n'est point ainsi que la question a été posée jusqu'ici ; on a voulu secourir le sol et non le libérer. Pour nous, c'est à la libération du débiteur foncier que nous voulons arriver ; évidemment, le rôle de l'Etat ne peut pas aller jusque-là ; ce serait même compromettre le succès de l'opération que de lui en confier tous les détails ; il ne parviendrait que difficilement à obtenir une juste appréciation de la valeur des propriétés, et la fraude, réelle ou supposée, mais possible, enlèverait au gage la sécurité qu'il doit offrir. C'est pourquoi nous pensons qu'il faut combiner l'action du gouvernement avec celle d'une association composée de tous les débiteurs fonciers, qui seront solidaires entre eux, et d'une agence qui les représentera. L'association aura un intérêt direct à arriver à une estimation exacte, et elle pourra confier l'opération à des experts pris dans son sein, qui, connaissant bien le pays, se rendront sur les lieux et emploieront, comme éléments d'évaluation, le prix réel de la location, le revenu porté à la matrice cadastrale, l'impôt, et enfin la commune renommée. Il ne faut pas perdre de vue que l'intérêt de l'Etat ne sera plus en cause ; le capital qu'il recevra devra, dans tous les cas, représenter le montant de la dette qu'il contractera ; il ne s'agira que d'assurer au prêteur le crédit dont il aura besoin d'user, et, à l'association, le service des intérêts que la solidarité de tous les débiteurs entre eux pourrait, si l'estimation était exagérée, laisser peser en partie sur elle.

En résumé, nous proposons de constituer le crédit foncier en France au moyen d'associations fonctionnant avec le concours du gouvernement. Ces associations auront pour objet de procurer aux propriétaires fonciers la jouissance d'un crédit qui pourra s'élever jusqu'à la valeur totale des immeubles qu'ils grèveront, sans qu'il puisse jamais dépasser le chiffre capitalisé au denier vingt du revenu des propriétés offertes pour gage. Les usines ne seront point admises à participer au bienfait de cette institution. La contre valeur de l'emprunt sera remise au prêteur en *obligations foncières* négociables créées à cet effet par l'État. Pour assurer le remboursement des obligations dont il vient d'être parlé, les emprunteurs verseront au trésor public le huitième de la somme à laquelle elles s'élèveront. Le montant de ce versement sera acquis à l'État qui prendra l'engagement d'acquitter la totalité du capital de la dette dans un certain délai qui sera déterminé par l'espace de temps nécessaire pour que le versement opéré et l'intérêt composé qu'il produira calculé à 4 1|2 p. cent par an forment une somme égale à ce capital. L'emprunteur n'aura à payer que l'intérêt à raison de 4 1|2 pour cent par an des obligations créées à son profit.

Avant d'entrer dans les développements de notre projet, examinons quels sont les inconvénients qu'il pourrait présenter :

Les obligations foncières auront-elles cours forcé? ou bien ne pourront-elles être données en paiement qu'à ceux qui voudront bien les accepter?

Dans le premier cas, ce sera, dira t-on, du papier monnaie et tous les périls de ce moyen de crédit se présenteront quelle que puisse être la sureté du gage.

Dans le second cas ce seront des effets publics dont le cours variera au jour le jour selon le degré de confiance qu'inspirera la situation financière du gouvernement.

Cette dernière objection est grave; quoique les rentes sur l'Etat et les valeurs hypothécaires elle-mêmes, puissent être soumises dans les moments difficiles à de pareilles chances de dépréciation, nous ne balançons pas à reconnaître que si elle pouvait avec quelque fondement être adressée à notre système elle en amoindrirait l'efficacité. Nous devons donc entrer dans de nouveaux détails pour démontrer qu'elle ne lui est point applicable.

Notre but, nous l'avons déjà dit, n'a été ni de créer du papier monnaie, ni de mobiliser les immeubles, nous ne demandons donc pas que les obligations foncières aient cours forcé; nous voulons au contraire que la liberté la plus complète préside aux transactions qui pourront être la conséquence de l'application de notre système et il ne nous reste à examiner que jusqu'à quel point la confiance ou les craintes qu'inspirerait la situation financière du gouvernement pourraient dans un moment donné influer sur le cours des obligations.

Les oscillations de la rente sur l'Etat sont moins, selon nous, le résultat de la crainte que le rentier éprouve de ne pas être remboursé du capital qu'il a engagé à l'échéance fixée que de celle de ne pas recevoir exactement les intérêts de ce même capital. Dès que l'état général du pays permet d'espérer que le gouvernement ne manquera pas à ses engagements, la rente est au pair, et c'est pour soustraire nos obligations foncières à ces chances de dépréciation que nous n'avons pas voulu charger l'Etat du service des intérêts et que nous avons

confié le soin de les payer à des associations indépendantes
du gouvernement comme cela se pratique en Allemagne et
en Pologne. Il ne s'agit donc plus que d'examiner si les associations offrent au prêteur une garantie bien sérieuse? Dans
le cas où l'emprunteur ne se libèrerait pas, percevraient-elles
directement les revenus de l'immeuble grevé ou exproprie-
raient-elles le débiteur? Si elles perçoivent elles-mêmes les
fruits, les immeubles se déprécieront entre leurs mains par défaut de surveillance, d'entretien ou de bonne administration,
et bientôt les loyers ne suffiront plus au service des intérêts,
il y aurait d'ailleurs danger à les laisser s'emparer ainsi de
la fortune publique; si au contraire elles exproprient trou-
veront-elles toujours un acquéreur prêt à prendre la place du
débiteur Afin qu'il ne reste aucun doute à cet égard posons
quelques chiffres : supposons une propriété de 100,000 fr.
grevée pour la totalité de sa valeur et produisant cinq mille fr.
net, l'Etat aura reçu 12,500, ce versement suffira pour que
l'emprunteur s'efforce de servir exactement les intérêts de sa
dette, car s'il ne se libère pas cette somme sera perdue pour
lui. Mais dans le cas où il se trouverait dans l'impossibilité
de faire face à ses engagements, l'association n'aurait pas
à se préoccuper du remboursement du capital, le versement fait à l'Etat en garantit la rentrée dans un temps
donné (42 ans environ); elle n'aurait à imposer à l'acquéreur que l'obligation de servir les intérêts du capital emprunté, et ce dernier qui trouverait dans les revenus la
compensation de la somme qu'il aurait à débourser annuellement se libèrerait de son prix sans avoir d'avances à faire. Il n'est donc pas douteux que même dans l'espèce que nous venons de choisir et qui est celle qui offre
les chances les plus défavorables, il se présenterait toujours
un acquéreur. Le service des intérêts est donc assuré et la

cause qui fait varier la rente n'aura aucune action sur le cours des obligations foncières. Mais en admettant que le service des intérêts soit certain, il reste une grosse difficulté à vaincre, le remboursement du capital d'après le procédé indiqué par le projet; ce n'est pas il est vrai au propriétaire à se préoccuper de sa libération, ce soin ne regarde que l'Etat. A l'Etat seul l'obligation de rembourser tous les coupons de 500 francs, représentatifs de la valeur de la propriété ou du montant du prêt. Il a reçu 12 1|2 p. cent de cette valeur et moyennant cette somme déposée dans sa caisse, il est tenu par la vertu magique de l'intérêt composé d'opérer la libération du débiteur. Mais comment y parviendra-t-il? il faudra qu'il se paye à lui-même l'intérêt des versements qui lui seront faits pour commencer la grande œuvre de la libération du sol pour poser les premières assises de l'édifice. Déjà pour les caisses d'épargne dont les dépôts n'ont que de bien petites proportions à côté des versements fonciers, on s'est trouvé exposé à de sérieuses difficultés.

Nous ne pensons pas qu'il soit possible d'assimiler les versements fonciers à ceux des caisses d'épargne, ce n'est pas l'importance des sommes à rembourser qui a mis le gouvernement dans la nécessité de prendre la mesure qu'il a dernièrement adoptée par rapport à ces établissements, c'est l'obligation dans laquelle il était de rembourser à tout instant les dépôts qui lui avaient été confiés, obligation qui n'existera pas à l'égard des versements fonciers. D'ailleurs l'Etat n'a-t-il pas mille moyens d'employer fructueusement les sommes qu'il recevra et sans parler de la dette publique qu'il pourrait rembourser, n'a-t-il pas des chemins de fer, des ponts à construire, des bassins, des canaux à creuser, l'agriculture, l'industrie à encourager et à aider; les produits de

2

toutes ces entreprises ne feront-ils pas et au-delà face à l'intérêt qu'il sera tenu de capitaliser pour opérer ses remboursements. Loin que nous soyons effrayé du chiffre des sommes que le gouvernement encaissera, nous le regardons au contraire comme un gage de sécurité, comme un moyen de satisfaire aux exigences de la position actuelle. Le droit au travail n'a pas, il est vrai, été inscrit dans la Constitution, mais si le travail n'est pas un droit qu'on puisse réclamer la loi à la main, ce serait méconnaître l'état des choses et des esprits que de ne pas considérer comme un acte de prudence et de sagesse et même comme un devoir, de chercher à occuper tous les bras inactifs. Mais nous dira-t-on, le gouvernement ne peut pas se faire prêteur, se livrer à des opérations de banque, devenir le bailleur de fonds de l'industrie. Cette objection n'est fondée qu'en partie, car la caisse d'amortissement a souvent fait des avances aux communes et aux départements, et le gouvernement lui-même est venu à plusieurs reprises demander aux Chambres l'autorisation de prêter aux chemins de fer, cependant pour rassurer à cet égard les esprits les plus timides nous ne laisserons à l'État qu'une action de patronage en proposant de fonder à Paris une administration, jouissant de la même indépendance que la banque de France, dotée avec tous les fonds versés dans les caisses de l'État par les emprunteurs dont nous avons parlé et ayant pour mission spéciale de traiter toutes les affaires qu'entraînera l'organisation du crédit foncier telle que nous la comprenons.

Pour préciser nos idées et sans avoir la prétention de les présenter comme une solution définitive de la question qui nous occupe, nous avons cru utile de les formuler, et d'en former un projet complet dont nous livrons les détails à l'appréciation des hommes compétents.

PROJET.

Il sera établi, sous la surveillance et avec le concours du gouvernement, des associations de crédit foncier sur tout le territoire de la République.

Chaque département formera la circonscription d'une association particulière qui se composera forcément de tous les propriétaires fonciers qui auront besoin de recourir à l'emprunt.

Le but des associations sera de procurer aux propriétaires fonciers la jouissance d'un crédit qui pourra s'élever jusqu'à la valeur des immeubles qu'ils grèveront, au moyen de la remise qui leur sera faite d'une quotité d'*obligations foncières*, créée à cet effet par l'Etat, transmissibles sans frais et représentant soit la valeur estimative de l'immeuble grevé, si l'emprunteur a besoin de la totalité de cette valeur, soit seulement la somme qui lui sera nécessaire sans cependant pouvoir jamais dépasser le chiffre capitalisé au denier vingt du revenu des propriétés offertes pour gage.

Cette opération sera traitée avec l'Etat, par l'intermédiaire des associations, qui seront chargées d'acquitter sémestriellement, à raison de 4 1/2 pour 100 par an, les intérêts des sommes représentées par les obligations créées, aux mains de ceux qui en deviendront détenteurs.

Quant à l'emprunteur, c'est envers l'association seule qu'il sera débiteur de l'intérêt du capital des obligations qui lui auront été remises ; il acquittera cet intérêt sémestriellement et par avance, à raison de 4 1/2 p. 100 par an.

Pour assurer le remboursement du capital de ces obligations, il versera au trésor public, au moment de la réalisation du traité, une somme égale à 12 1⁄2 pour 100 du montant des obligations créées à son profit.

Ce versement sera opéré soit en espèces, soit en valeurs négociables et le montant du versement sera acquis à l'Etat, qui prendra par la loi constitutive même des associations, l'engagement d'acquitter la totalité de la dette dans un certain délai.

Ce délai sera déterminé par l'espace de temps nécessaire pour que l'action simultanée du capital versé au trésor, et de l'intérêt composé qu'il produira à raison de 4 1⁄2 pour 100 par an, arrive à former une somme égale au capital représenté par la totalité des obligations créées.

Chaque obligation de rente foncière sera de 500 francs et délivrée sur papier au timbre de 2 p. 100; le prix du timbre, qui sera à la charge de l'emprunteur, remplacera tous les droits proportionnels auxquels pourraient donner lieu, sous l'empire de la législation actuelle, les actes qu'il sera nécessaire de faire pour parvenir à la réalisation de l'opération. Ces actes ne seront par suite passibles que d'un enregistrement au droit fixe de un franc.

L'emprunteur paiera à l'association, en outre de l'intérêt de 4 1⁄2 dont il a été parlé ci-dessus, 1⁄4 pour 100 par an du capital emprunté pour frais d'administration.

A toute époque, l'emprunteur pourra se libérer en versant dans la caisse de l'association à laquelle il appartiendra, une quotité d'obligations de rentes foncières suffisante pour représenter la partie de la dette non encore amortie.

L'association dont la mission sera de servir aux échéances les intérêts dus au prêteur, ne pourra dans aucun cas être appelée à fournir le montant de l'emprunt.

Une administration spéciale sera créée à Paris par les soins du gouvernement, pour centraliser toutes les affaires que feront naître les rapports d'intérêt qui existeront entre l'État, les associations et les particuliers.

Cette administration prendra le titre de *Caisse du travail agricole et de la propriété foncière*. Elle sera dotée par l'État avec les fonds qui auront été versés au trésor public par les emprunteurs. Ses statuts seront analogues à ceux de la banque de France, sauf les modifications que la nature des opérations auxquelles elle se livrera fera juger nécessaire d'y apporter. Elle sera autorisée à émettre des billets comme la banque de France, sous les mêmes conditions et dans la même proportion. Elle pourra prêter à l'État, aux départements et aux communes sous des garanties librement débattues; elle escomptera *les obligations foncières* qui auront au moins cinq années d'émission, prêtera par l'intermédiaire des associations de crédit foncier aux individus qui traiteront avec elles. Elle pourra avancer à toutes les industries agricoles les sommes que comportera la garantie qui lui sera offerte, et il lui sera fourni comme contre valeur de ces avances des billets négociables et payables à deux années de date au plus, pour le remboursement desquels elle aura un privilége de premier ordre sur le mobilier de son débiteur. Afin que les tiers puissent toujours connaître la position de l'agriculteur qui aura eu recours au crédit de la caisse, il sera ouvert chez le conservateur des hypothèques de l'arrondissement auquel il appartiendra un registre sur lequel seront constatées les avances qui lui auront été faites.

L'intérêt des prêts qui seront faits par la caisse ne pourra pas excéder cinq pour cent par an.

La caisse qui recevra à titre de dotation, avec mission de les faire valoir, le 12 et 1\|2 p. cent du montant des emprunts versés au trésor public, sera tenue envers l'Etat au remboursement du capital des obligations foncières lorsqu'il deviendra exigible.

La combinaison dont nous venons de présenter les détails, laissera à la charge de l'association, les intérêts de la dette, et à celle du gouvernement, le paiement du capital dans un temps donné. Elle aura pour résultat d'assurer au prêteur le remboursement de son capital, en lui donnant l'Etat pour débiteur, et le paiement exact des intérêts qu'il produira, au moyen de l'obligation solidaire de tous les débiteurs entre eux, constitués à cet effet en société, ainsi qu'il a été dit ci-dessus.

MODE D'EXÉCUTION.

Chaque association comprendra :

1° Une direction générale, dont le siége sera au chef-lieu du département ;

2° Autant de sous directions qu'il y aura d'arrondissements dans le ressort de l'association. Les sous-directions siégeront au chef-lieu d'arrondissement ;

3° Un comité par canton.

Les comités correspondront avec les sous-directions, et les sous-directions avec la direction générale.

La direction générale, les sous-directions et les comités cantonnaux seront investis, sous le titre d'agence, de tous les pouvoirs sociaux.

La direction générale se composera d'un directeur général, et d'autant de conseillers de direction qu'il y aura d'arrondissements dans le département qui formera le ressort de l'association. Elle résumera en elle tous les pouvoirs de pure administration. Les sous-directions et les comités cantonnaux n'agiront que sous sa surveillance et d'après les ordres qu'elle leur transmettra.

Des comptables et des géomètres seront attachés à la direction générale, aux sous-directions et aux comités cantonnaux; ils seront choisis par l'agence.

Un commissaire du gouvernement sera institué auprès de chaque association.

Le commissaire du gouvernement, le directeur-général de l'association, les sous-directeurs et les comptables jouiront seuls d'un traitement fixe; les autres membres de l'agence et les géomètres n'auront droit qu'à des indemnités de voyages, et au paiement des vacations qu'ils feront pour procéder à l'estimation des immeubles sur lesquels on demandera à emprunter.

Un sous-directeur et autant de conseillers qu'il y aura de cantons dans l'arrondissement de sous-direction, composeront le personnel de chaque sous-direction d'arrondissement.

Les comités cantonnaux auront un président et deux conseillers.

Le directeur général, les sous-directeurs, les présidents des comités cantonnaux seront nommés par le gouvernement, sur la présentation qui sera faite de trois candidats pour chaque fonction, par les associés réunis à cet effet en assemblée générale. La durée de leurs fonctions sera fixée à trois ans; ils pourront être réélus.

DE L'EMPRUNT.

Lorsqu'un propriétaire voudra traiter d'un emprunt par l'intermédiaire de l'association, il se présentera chez un notaire, et fera dresser, par acte authentique, une requête qui contiendra :

Ses nom, prénoms, profession, domicile, ceux de sa femme, s'il est marié; l'énonciation du régime auquel il s'est soumis par les stipulations de son contrat de mariage, ou la déclaration qu'il est marié sans contrat ; le lieu et la date de la célébration du mariage ; s'il est tuteur ou s'il a été chargé d'une tutelle, les nom, prénoms de son pupille, la date de la tutelle. l'énonciation des obligations particulières qu'elle lui impose ; s'il est comptable public ou s'il l'a été, l'énonciation des fonctions dont il est ou a été investi en cette qualité, la date de son entrée en fonctions et celle de sa retraite ; la désignation des biens sur lesquels il veut emprunter, la date de l'acquisition qu'il en a faite, l'origine de la propriété entre ses mains, l'état hypothécaire desdits biens et des droits réels dont ils sont grevés à quelque titre que ce soit.

Cette requête sera enregistrée au droit fixe, et le notaire qui l'aura rédigée en adressera une expédition en forme au Directeur général de l'association dans le ressort de laquelle se trouveront les biens à hypothéquer.

Le Directeur général transmettra cette requête au sous-directeur de l'arrondissement de la situation desdits biens, et la sous-direction fixera, de concert avec le comité cantonnal, la valeur des immeubles.

Cette opération terminée, la direction générale avisera, le notaire rédacteur de la requête, du résultat.

Les titres de propriété seront remis par les soins de ce fonctionnaire au directeur général de l'association ils devront être accompagnés d'un acte authentique par lequel tous les créanciers inscrits sur l'immeuble offert en gage auront consenti à laisser primer leurs inscriptions par les droits de l'association et se seront interdit toutes poursuites immobilières pendant la durée de l'opération projetée. Un certificat délivré par le conservateur des hypothèques à la date de cet acte devra constater que les personnes qui y auront comparu sont seules inscrites sur la propriété. Les inscriptions qui seront prises postérieurement à la délivrance du certificat dont il vient d'être parlé ne pourront avoir d'effet utile à l'égard des associations ni entraver la marche de leurs opérations.

Le directeur général de l'association, après avoir constaté la régularité des pièces en assemblée de direction, provoquera, au nom de l'association, la création d'une quotité suffisante d'*obligations foncières* pour représenter le montant de l'emprunt et au plus celui de l'estimation. Ces obligations seront créées par l'État ; elles seront divisées en coupons de 500 francs.

Avant de procéder à la délivrance des obligations, on en immobilisera une quotité suffisante pour représenter et assurer les droits des incapables, et les droits réels qui grèveront la propriété.

Un acte authentique constatera cette opération, et les obligations immobilisées seront annexées à cet acte et resteront déposées en l'étude du notaire rédacteur jusqu'au moment de la libération de la propriété sur laquelle reposeront les droits dont elles constateront l'existence, ou qu'une circonstance qui aurait changé la nature de ces droits permette de disposer desdites obligations. L'acte dont nous venons de parler, auquel seront intervenues toutes les parties intéressées, l'État, l'association, l'emprunteur, les privilégiés, constatera, en outre, le versement fait par l'emprunteur d'une valeur égale à 12 1/2 pour cent du montant de l'emprunt, en y comprenant la valeur représentée par les obligations immobilisées, et la remise faite à l'association d'une quotité d'obligations suffisante pour représenter la totalité de l'emprunt, déduction faite des obligations immobilisées. Mention de cet acte sera faite sur

3

·les registres du conservateur des hypothèques et une expédition en restera déposée dans ses bureaux.

Le montant de l'emprunt sera versé à l'emprunteur ou à
ses créanciers inscrits, et les obligations créées seront remises au prêteur. L'emprunteur en paiera sémestriellement et par avance l'intérêt à raison de 4 et 1/2 pour cent
par an, à la caisse de l'association ; il versera en outre 1/4
pour cent par an du capital emprunté, pour faire face aux
frais d'administration ; ce versement sera également opéré
par avance. L'association sera seule comptable envers les
porteurs des obligations foncières, de l'intérêt qu'elles pro-
duiront, toutes les individualités ayant disparu après la
conclusion du traité et se trouvant confondues dans l'association et représentées par elle.

Nous avons jusqu'à présent raisonné dans l'hypothèse
qu'il se trouverait toujours un prêteur qui aurait un capital disponible suffisant pour faire face aux besoins de l'emprunteur, et qui traiterait avec lui, soit directement, soit
par l'intermédiaire d'un notaire, soit enfin par l'entremise
officieuse de la direction générale de l'association départe-
mentale. Mais nous ne nous dissimulons pas qu'il pourrait
arriver qu'il en fût autrement, c'est pour obvier à cet inconvénient que nous avons rangé parmi les attributions
de la caisse centrale, les prêts à faire par l'intermédiaire
des associations de crédit foncier, aux individus qui trai-
teraient avec elles. Nous espérons que par suite du soin
que nous avons pris d'assurer au prêteur, le service exact
des intérêts de son capital, et la faculté de transmettre sans
frais, le titre qu'il aura reçu, de l'escompter même à la
caisse centrale après cinq années de date, les capitalistes
qui sont engagés aujourd'hui dans la dette hypothécaire

continueront de consacrer leurs ressources à ce genre de placement. Cependant la sécurité ne sera complète à cet égard qu'après que la caisse centrale aura été dotée par l'État d'un fonds primitif et permanent suffisant pour faire face à toutes les éventualités. C'est au législateur qu'il appartient de résoudre cette question ; si nous étions appelé à formuler les bases d'une association qui se circonscrirait dans les limites d'un arrondissement, ou même d'un département, comme les banques commerciales qui depuis moins d'un an ont été annexées à la banque de France, les formes du contrat anonyme par lequel ces établissements étaient régis et qui pourraient être appliquées à une association isolée, nous permettraient de lever immédiatement la difficulté. Mais l'opération doit embrasser tout le territoire de la république, c'est le crédit foncier qu'il s'agit de fonder en France à côté du crédit commercial déjà organisé, et sans tarir les sources génératrices qui fécondent ce dernier. Ce n'est donc pas à l'action individuelle qu'il faut en appeler pour arriver à cet immense résultat qui doit inaugurer pour notre pays une nouvelle ère de prospérité ; les forces collectives de la nation peuvent seules y suffire.

Au moment où nous nous occupions pour la première fois de la question que nous traitons aujourd'hui, (c'était avant le 24 février 1848,) nous avions été chargé par la première commission des pétitions de la chambre qui siégeait alors, de faire un rapport non seulement sur la question du crédit foncier, mais encore sur celle du recrutement militaire qu'une remarquable pétition de M. Joffrès, avocat à la cour de Paris, ramenait de nouveau devant nous. Les conclusions de cette pétition nous avaient fourni l'élément d'un fonds permanent pour notre système de crédit foncier. Sans nous livrer au développement du projet de M. Joffrès, qui, selon nous, est la meilleure et la seule solution possible du problème jusqu'à présent mal posé du remplacement militaire, nous dirons que M. Joffrès, partant de ce principe que le service militaire est dû par tous les Français indistinctement, admettait qu'il se résoudrait en argent pour tous ceux qui ne passeraient pas sous les drapeaux, et que les sommes ainsi accumulées seraient lors, de la libération de chaque classe, réparties entre les soldats qui auraient fait le service actif. Trois cent vingt mille hommes, dont il faut déduire ceux qui ont des exemptions légales à faire valoir, sont annuellement appelés à concourir au tirage; le sort en désigne quatre-vingt mille seulement pour former le contingent : deux cent vingt mille hommes environ auraient donc dû concourir à la formation du fonds dont nous parlons. En fixant en moyenne la part contributive de chaque homme à quatre cents francs, on comprendra immédiatement à quel résultat nous arrivions et quelle puissance d'action ce capital, joint au versement du huitième des sommes empruntées qui devait former la dotation éventuelle de la caisse centrale, aurait imprimé à nos associations de crédit foncier. C'était un capital effectif de plus de six cents millions pour le fonds permanent, et d'un milliard environ pour le fonds éventuel, en ne portant qu'à huit milliards le montant de la dette hypothécaire : soit en totalité plus de seize cents millions espèces. On aurait pu tripler cette somme par une émission de papier semblable à celle que la Banque de France est autorisée à faire, avec cette différence que derrière cette immense création il ne se

serait pas trouvé d'actionnaires pour dévorer ses bénéfices, ni d'intermédiaires pour profiter du taux minime
de ses escomptes. Tout aurait été fait avec l'argent du
peuple et au profit du peuple. Les comptables des associations départementales seraient devenus les agents de la
caisse centrale et elle aurait ainsi embrassé tout le territoire de la République.

Nos idées à ce sujet n'ont été soumises ni à la commission dont nous faisions partie, ni à la chambre, nous ne
pouvons donc rien dire de l'accueil qui leur était réservé;
mais nous avions communiqué notre travail à quelques-uns
de nos collègues qui en avaient approuvé les principales
dispositions.

Nous ne nous sommes livré à cette digression que pour
démontrer que si nous gardons le silence sur les moyens
qu'il y aurait de former le fonds permanent des associations
de crédit foncier, ce n'est point parce que nous ne pouvons pas indiquer les sources où il faudrait puiser, mais
parce que nous comprenons que c'est au législateur seul
qu'il peut appartenir de résoudre les grandes questions
qui se rattachent au crédit.

DE L'EXPROPRIATION.

Dans le cas où l'emprunteur ne paierait pas, aux époques
indiquées, les interêts des obligations dont il aura obtenu
la création, il sera, après un délai de quinze jours, poursuivi à la requête du directeur général de l'association, et
s'il ne se libère pas, ou si la vente de son mobilier n'a pas
suffi pour couvrir sa dette, les immeubles hypothéqués
seront vendus, sans frais préalables, à la même requête,
devant le notaire du canton dans lequel ils seront situés.

Cette vente aura lieu après avoir été annoncée par des affiches qui seront apposées pendant deux mois, et par quatre insertions au moins, faites à huit jours de distance, dans le journal judiciaire de l'arrondissement. Elle sera faite sous la réserve des droits représentés par les obligations foncières, et à charge par l'acquéreur de payer, pendant tout le temps nécessaire, aux lieu et place du débiteur poursuivi, les intérêts de la dette. S'il arrive qu'en sus des charges dont nous venons de parler, il soit porté un prix quelconque; cet excédant restera la propriété du débiteur ou de ses ayant-cause.

DU REMBOURSEMENT DES OBLIGATIONS.

Les obligations foncières seront remboursées par le trésor. La caisse centrale du travail agricole et de la propriété devra mettre à la disposition de l'État les sommes nécessaires pour arriver à ce résultat.

Nous avons dit que le débiteur pourrait, à toute époque, faire dégréver sa propriété en versant à la caisse de l'association à laqnelle il appartiendra une quotité d'obligations suffisante pour représenter la partie de la dette non encore amortie. Dans ce cas, la liquidation de l'opération sera faite par l'administration centrale, de concert avec les agents du trésor public. Les obligations représentant la dette seront annulées et la propriété sera dégrevée de toute espèce de charge à cet égard. On annulera également les obligations immobilisées. Le tout sera constaté par un acte authentique auquel intérviendront l'État, l'association, le débiteur et les intéressés.

Nous nous sommes attaché, dans le cours de notre travail, à suivre pas à pas les termes de la législation existante ; et c'est pour nous rapprocher de ce qui se pratique aujourd'hui, que nous avons fixé a 4 1j2 pour cent par an le taux des intérêts à servir par l'emprunteur. Beaucoup d'autres dispositions de notre projet sont susceptibles de modifications qui ne porteraient point atteinte à l'idée qui en forme la base. Le système dont nous proposons l'application n'a rien de neuf ou d'inusité : les compagnies de chemins de fer, la ville de Paris, ont été autorisées à créer des obligations remboursables à long terme et ces obligations circulent facilement. Nous ne pouvons donc trouver de motifs sérieux pour repousser l'organisation du crédit foncier en France. C'est aux propriétaires à s'unir pour éclairer le public sur la véritable source de ces déclamations insensées au moyen desquelles on a cherché à accréditer des craintes chimériques. En un mot, assurer à la propriété foncière un crédit égal à sa valeur, garantir, par une combinaison que nous croyons susceptible d'application les intérêts du prêteur, garantir les droits des incapables, mettre le débiteur foncier à l'abri de ces expropriations ruineuses dont nous avons tous les jours l'exemple sous les yeux; tel a été notre but. C'est au gouvernement seul qu'il appartient de donner la solution définitive de cette question, à laquelle sont attachés, selon nous, le repos et la prospérité du pays.

E. DUBOIS.

www.ingramcontent.com/pod-product-compliance
Lightning Source LLC
Chambersburg PA
CBHW070801220326
41520CB00053B/4701